Sommaire

Les roues servent à déplacer
des objets. Les roues sont
de toutes tailles
et de toutes couleurs.

Toutes les roues
sont de forme
circulaire.

Avant l'invention de la roue, on transportait de lourdes charges en les tirant ou en les poussant sur le sol. C'était un travail très dur !

Puis, quelqu'un a eu l'idée lumineuse de poser les charges sur les troncs d'arbre et de les faire rouler, ce qui facilitait le déplacement des objets.

Réalise une expérience.

Tu as besoin de :

- 2 boites à chaussures

- 4 crayons ronds
- 2 poids identiques
- 1 bâton de craie

Étape 1

1. Place un poids dans chaque boite.
2. Trace à la craie une ligne de départ sur la table.

3. Place une boite
sur la ligne de départ,
puis, pousse-la.
4. Marque le point
d'arrivée de la boite.

Étape 2
1. Place la 2e boite
sur les crayons, à
la ligne de départ ;
puis, pousse-la.
2. Marque le point
d'arrivée
de la boite.

Quelle boite est allée
le plus loin
et le plus facilement ?

Les rouleaux ont été les premiers types de roues utilisés. Plus tard, on a coupé des tranches de rouleaux pour obtenir des disques qui tournaient plus facilement sur les terrains cahoteux.

Deux roues furent jumelées par un axe
et utilisées pour la première charrette.
Déplacer les charges est alors devenu plus facile.

Fabrique une charrette. Tu as besoin de :

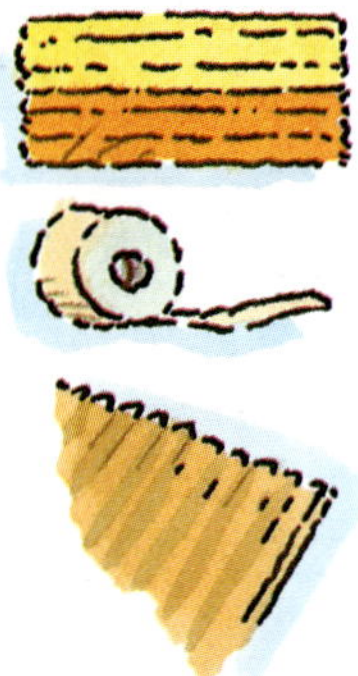

- ciseaux
- 1 verre
- 1 boîte à chaussures
- 2 crayons ronds
- pâte à modeler
- ruban adhésif
- carton ondulé

1. Utilise le verre pour dessiner quatre roues sur le carton et découpe-les.

2. Place les roues sur la pâte à modeler et fais un trou dans leur centre avec un crayon pointu.

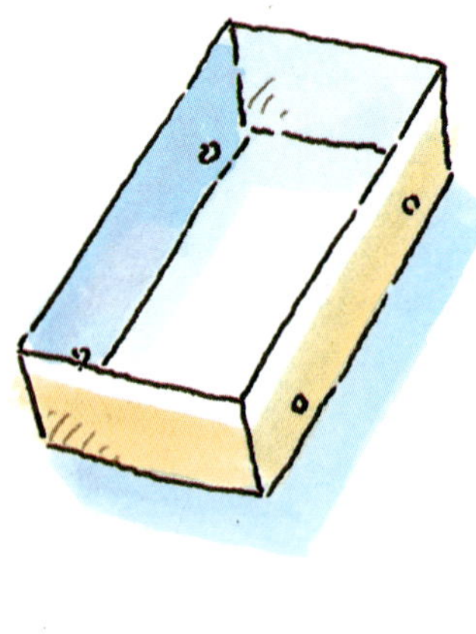

3. Fais deux trous de chaque côté de la boîte à chaussures en prenant soin que les trous soient alignés deux par deux.

4. Enfonce une roue à l'une des extrémités d'un crayon.

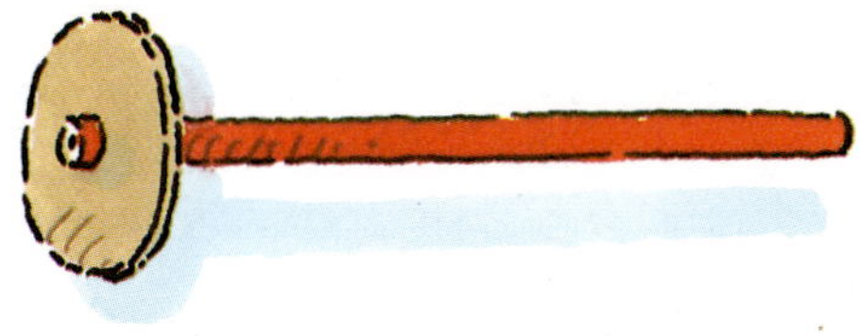

5. Enfonce l'autre extrémité du crayon à travers les deux trous de la boîte. Puis, enfonce la deuxième roue.

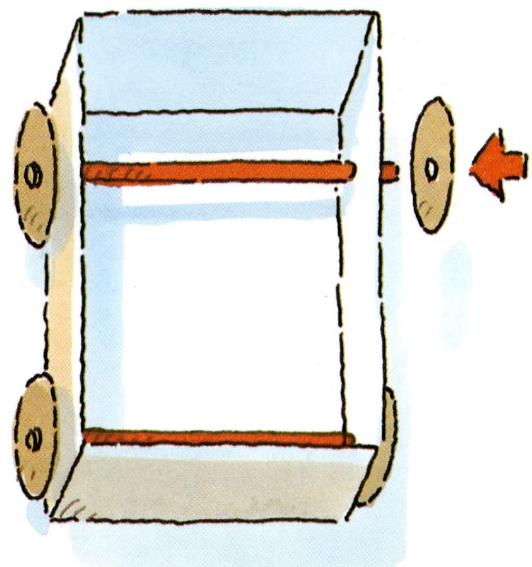

6. Fais la même chose avec l'autre crayon.

7. Fixe un morceau de ruban adhésif sur chaque roue.

Maintenant, essaye ta charrette !

Les premières roues pesaient très lourd, car elles étaient en bois plein. Les véhicules ne pouvaient pas se déplacer rapidement.

Les Romains rendirent
les roues plus légères
en les évidant et en ajoutant
des rayons. Les véhicules
se déplaçaient ainsi plus vite.

Les roues modernes sont semblables à celles des Romains. Le centre des roues est appelé moyeu.

Des rayons relient le moyeu à la jante (le tour de la roue). La roue tourne autour d'un axe, ou essieu, qui se fixe dans le moyeu.

Une roue a souvent un pneu autour de sa jante. Un pneu est en caoutchouc avec une armature de fil d'acier. La bande de roulement, en contact avec le sol, a des sculptures dans le caoutchouc pour lui donner une bonne adhérence.

Certains pneus
ont des sculptures
antidérapantes spéciales.

Les pneus d'un tracteur ont des sculptures
qui leur permettent de circuler dans la terre
meuble d'un champ labouré.

Les roues sont adaptées à différents travaux. Les camions ont de grandes roues larges, car ils transportent de lourdes charges.

Les vélos ont des roues très fines, donc plus légères. Ils vont ainsi plus vite.

Regarde les roues autour de toi. Sont-elles bien adaptées à l'usage que l'on en fait ?

Certaines roues comportent des dents. Ces roues dentées sont aussi appelées pignons. Deux roues dentées transmettent, grâce à leurs dents, un mouvement de rotation. Quand on tourne l'une, l'autre tourne aussi.

Réalise un engrenage.

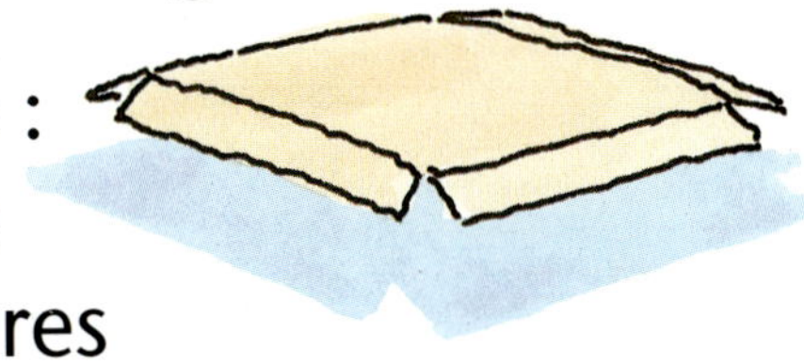

Tu as besoin de :

- 1 couvercle de boîte à chaussures
- 2 attaches
- carton

1. Utilise le modèle 1 de la page 29 pour découper deux roues dentées identiques.
2. Fixe un des pignons sur le couvercle avec une attache. Le pignon doit pouvoir tourner.
3. Place l'autre pignon près du premier afin que leurs dents s'égrènent. Fixe-le sur le couvercle.
4. Tourne un des pignons. L'autre tourne-t-il également ?

Un ensemble de roues dentées
est un engrenage.
Les machines
utilisent des
engrenages.

Lorsque tu pédales sur un vélo, tu fais tourner une grande roue dentée. Celle-ci engrène sur une chaîne qui entraîne un pignon fixé sur la roue arrière. Cet engrenage transmet l'énergie des pédales à la roue arrière.

Avec un adulte, pose ton vélo à l'envers
et tourne doucement la pédale.
Qu'est-ce qui tourne plus vite, le grand pignon
ou le petit pignon, la pédale ou la roue ?

Utilise les modèles 1 et 2
de la page 29 pour
jumeler une grande et
une petite roues dentées
(suis les étapes
de la page 23).

Quand tu as fixé les pignons, trace un trait
sur chacun d'eux en position 12 heures.

Regarde les traits et compte
combien de tour fait le petit
pignon pour chaque tour
du grand pignon.

Pour aller plus loin

• Faire une collection de roues, y compris des découpages dans les journaux et des dessins des roues que vous voyez autour de vous.
• Encourager les enfants à jouer avec des légo et d'autres jeux de construction pour réaliser des véhicules à roues. Ce type d'expérience est fondamentale pour la compréhension du concept.
• Faire des essais avec les différents modèles réalisés. Analyser, discuter et enregistrer les résultats de ces essais.
• Faire concevoir par l'enfant et dessiner un modèle de véhicule à roues sur le papier. Lui faire construire ce modèle, puis réaliser des essais et modifier le modèle pour en améliorer les performances.
• Étudier le principe du frottement et ses conséquences pour le déplacement d'un objet sur une surface. Faire des essais avec différents véhicules à roues sur différentes surfaces.
• Concevoir et réaliser un modèle qui utilise des engrenages pour transmettre de l'énergie d'une partie de la machine à une autre.

D'autres livres à lire

Je pousse, tu tires, collection *Je découvre la vie*, Gamma.
Toutes sortes de roues, collection *Je découvre la vie*, Gamma.

Modèles pour les pages 23/27

1. Fais une photocopie ou décalque ces formes.
2. Colle-les sur du carton.
3. Découpe-les.
4. Plie les dents.

Glossaire

un axe : pièce allongée qui sert à faire tourner une roue (voir essieu).

une bande de roulement : partie du pneu en contact avec le sol et qui comprend des sculptures antidérapantes.

une charge : ce qui pèse et que peut porter une personne ou un véhicule.

une énergie : capacité de produire un travail.

un engrenage : système de roues dentées qui s'engrène pour transmettre une rotation d'une roue à une autre.

engrener : faire entrer les dents d'une roue dans les espaces séparant les dents d'une autre roue ou dans les mailles d'une chaîne pour réaliser un engrenage.

un essieu : longue pièce dont les extrémités entrent dans les moyeux d'une roue.

une jante : cercle de bois ou de métal qui forme le tour d'une roue.

une pédale : un levier que l'on actionne avec le pied.

un pignon : roue dentée d'un engrenage.

un pneu : bandage en caoutchouc que l'on fixe à la jante d'une roue.

une sculpture antidérapante : sculpture sur la bande de roulement d'un pneu pour lui donner une bonne adhérence sur le sol.

Index